Contents

Test: Lessons 1 and 2

I. Find the BEST word to complete each sentence. Then fill in the circle next to your answer.

1. In the novel *The Rise of Silas Lapham,* the newly rich title character struggles to acquire ______________ manners adequate for entry into Boston society.

   O A autocratic
   O B autonomous
   O C genteel
   O D humanistic

2. Ruth Benedict, a professor of ______________ at Columbia University, studied the culture of the Southwest American Indians in the 1930s.

   O A anthropology
   O B gentry
   O C gynecology
   O D progeny

3. Josef Stalin, the Soviet premier who ordered the deaths of millions of citizens, including his friends, was a notorious ______________.

   O A automaton
   O B feminist
   O C progenitor
   O D misanthrope

4. Because churches and temples frequently keep records of births and deaths, people interested in the ______________ of a particular family can visit such places to do research.

   O A genealogy
   O B genesis
   O C genre
   O D gentility

5. The English poet Lord Byron suffered from a clubfoot—a(n) ______________ condition that makes the ankle, heel, and toes curve out of shape.

   O A autopsic
   O B congenital
   O C heterogeneous
   O D homogeneous

II. Find the BEST answer to each question. Then fill in the circle next to your answer.

6. Which word describes an ancestor?

O A autopsy
O B genocide
O C homicide
O D progenitor

7. Which word does not identify a type of study?

O A autonomy
O B genealogy
O C gynecology
O D humanities

8. Which word does not pertain to human beings?

O A egoism
O B genre
O C gentry
O D progeny

9. Which word does not identify a system of beliefs?

O A feminism
O B humanism
O C misanthropy
O D virility

III. Find the pair of words that has the same kind of relationship as the numbered pair. Then fill in the circle next to your answer.

10. genre : poetry ::

O A genesis : Bible
O B autopsy : corpse
O C genealogy : genocide
O D feminism : feminist
O E humanities : history

11. automaton : robot ::

O A homicide : man
O B genesis : ancestor
O C autocrat : despot
O D feminist : misanthrope
O E egoism : independence

12. *vir* : virile ::

O A *gens* : gentility
O B *gigno* : homogenous
O C *humanus* : homicidal
O D *autos* : self
O E *gyne* : gentle

13. heterogeneous : homogenous ::

O A misanthropic : homicidal
O B progenitor : progeny
O C humane : humanistic
O D indigenous : foreign
O E autonomy : dependent

IV. Find the BEST word to complete each sentence. Then fill in the circle next to your answer.

14. Poland has achieved self-government and can enjoy its _______________ since the collapse of the Soviet Union.

O A autonomy
O B ingenuity
O C feminism
O D genocide

15. Since people today are living longer, a person may be able to know four generations of her _______________.

O A gentile
O B progeny
O C autonomy
O D virility

16. The ancient Romans completely wiped out a race of people called the Etruscans, an example of _______________ that historians rarely discuss.

O A feminism
O B autonomy
O C progeny
O D genocide

17. Virginia Woolf, an early advocate of _______________, argued in *A Room of One's Own* that every woman needs a space and time without intrusion for independent thinking and writing.

O A ingenuity
O B feminism
O C progeny
O D gentile

18. After seeing her first computer, Rear Admiral Grace Murray Hopper exercised her _______________ by inventing automatic programming in 1952.

O A autonomy
O B virility
O C ingenuity
O D feminism

19. Summer music camps, such as Interlochen in Michigan, _______________ lasting friendships between teenage students and their inspiring teachers, who are distinguished musicians.

O A genocide
O B gentile
O C engender
O D ingénue

20. Although she is a(n) _______________, she celebrates Hanukkah with her step-family.

O A gentile
O B autonomous
O C virile
O D autocrat

Test: Lessons 3 and 4

I. Find the BEST word to complete each sentence. Then fill in the circle next to your answer.

1. Mr. Rogers became popular as a children's TV host offering ______________ advice in a kindly manner.

   O A avuncular
   O B fraternal
   O C patriarchal
   O D puerile

2. The goal of some practical jokes is to ______________ the victim.

   O A fraternize
   O B matriculate
   O C mortify
   O D patronize

3. Frédéric Chopin showed signs of ______________ talent when he began to compose music at the age of seven.

   O A monogamous
   O B moribund
   O C nascent
   O D uxorious

4. The Greek island of Olymbos, where women make all the decisions and daughters inherit all property, may be the only remaining ______________ in the world today.

   O A matriarchy
   O B matrix
   O C nonentity
   O D patrimony

II. Find the BEST answer to each question. Then fill in the circle next to your answer.

5. Which word does not contain a reference to the male gender?

   O A avuncular
   O B fraternize
   O C uxorious
   O D patriarch

6. Which word does <u>not</u> imply a negative meaning?

O A entity
O B mortify
O C patronize
O D uxorious

7. Which word contains the Greek root for "marriage"?

O A bigamy
O B euthanasia
O C moribund
O D postmortem

8. Which word does <u>not</u> represent a type of behavior?

O A patrimonial
O B naive
O C pedantic
O D puerile

9. Which word conveys a feeling of shame?

O A essence
O B euthanasia
O C mortification
O D naiveté

III. Find the pair of words that has the same kind of relationship as the numbered pair. Then fill in the circle next to your answer.

10. euthanasia : mercy ::

O A postmortem : analysis
O B matriculation : graduation
O C mortification : dead
O D essence : belief
O E matriarch : child

11. *nascor* : renaissance ::

O A *pais* : puerile
O B *morior* : postmortem
O C *gamos* : pedagogue
O D *uxor* : monogamy
O E *pater* : son

12. puerile : mature ::

- O A fraternal : brotherly
- O B uxorious : masculine
- O C innate : essential
- O D moribund : lively
- O E familial : marriageable

13. pedagogue : student ::

- O A pedant : foot
- O B nonentity : nobody
- O C orthopedist : patient
- O D bigamist : marriage
- O E patronymic : namesake

IV. Find the BEST word to complete each sentence. Then fill in the circle next to your answer.

14. Although King Henry VIII had six wives, he practiced ______________ because he was married to only one woman at a time.

- O A euthanasia
- O B bigamy
- O C monogamy
- O D patronage

15. Mark Twain's *Huckleberry Finn* enjoyed a(n) ______________ in 1984 when publishers celebrated its 100th anniversary with new editions of the novel.

- O A renaissance
- O B patronage
- O C euthanasia
- O D post mortem

16. Socrates, an innovative ______________, was well known for his interactive dialogues with his students.

- O A pedagogue
- O B pedant
- O C patriarch
- O D patron

17. The economies of many developing countries are _______________; they are in serious danger unless the countries can find a way to stimulate economic growth.

O A pedant
O B moribund
O C innate
O D bigamous

18. Many department stores have closed because they have suffered a decline in _______________; their customers were lured away by discount warehouses.

O A pedagogy
O B fraternity
O C patronage
O D monogamy

19. In Shakespeare's play *Love's Labour's Lost*, Holofernes, who tediously translates everyday English into Latin, provides a humorous portrait of a _______________.

O A pedagogue
O B bigamist
O C patron
O D pedant

20. It is difficult to know whether kindess in human beings is _______________ or learned.

O A innate
O B moribund
O C pedantic
O D uxorious

Test: Lessons 5 and 6

I. Find the BEST word to complete each sentence. Then fill in the circle next to your answer.

1. The Statue of Liberty, a gift from the people of France to the people of the United States, is a symbol of the ______________ between the two countries.

   O A amity
   O B antipathy
   O C apathy
   O D empathy

2. After she was promoted to vice president she no longer ______________ her friend's position as department manager.

   O A appeased
   O B coveted
   O C pacified
   O D placated

3. The ancient Greeks' mistrust of all foreigners attests to their ______________.

   O A acrophobia
   O B dysentery
   O C dyslexia
   O D xenophobia

4. Despite almost constant evidence of social unrest before the Russian revolution, Czar Nicholas II remained ______________, believing his regime was secure.

   O A complacent
   O B enamored
   O C implacable
   O D inimical

5. One of the principal goals of all tragic dramas is to arouse ______________ in the audience.

   O A cupidity
   O B hydrophobia
   O C pathology
   O D pathos

II. Find the BEST answer to each question. Then fill in the circle next to your answer.

6. Which word does <u>not</u> indicate a connection between people?

O A appeasement
O B empathy
O C enamored
O D placid

7. Which word does <u>not</u> imply a need for medical treatment?

O A antipathy
O B dysentery
O C hydrophobia
O D pathological

8. Which word does <u>not</u> imply fear or dislike?

O A acrophobia
O B bibliophilia
O C misogyny
O D xenophobia

9. Which word does <u>not</u> apply to friendship or goodwill?

O A amity
O B cupidity
O C philanthropy
O D empathy

III. Find the pair of words that has the same kind of relationship as the numbered pair. Then fill in the circle next to your answer.

10. *odium* : odiousness ::

O A *philein* : phobia
O B *amare* : misogamy
O C *pax* : appeasement
O D *placere* : empathy
O E *misein* : mistake

11. antipathy : hatred ::

O A apathy : fatigue
O B pathos : suffering
O C amity : friendship
O D cupidity : money
O E dyslexia : reading

12. acrophobia : heights ::

O A hydrophobia : water
O B xenophobia : friends
O C phobia : courage
O D misogamy : women
O E pacification : peace

13. implacable : unyielding ::

O A odious : smelly
O B amicable : friend
O C pacific : oceanic
O D inimical : unfriendly
O E placid : pleasing

IV. Find the BEST word to complete each sentence. Then fill in the circle next to your answer.

14. Although Anne Scheiber lived very modestly most of her life, she left $22,000,000 to Yeshiva University, stunning everyone with her ______________.

O A avarice
O B empathy
O C apathy
O D philanthropy

15. Many who read the novel *Jonathan Livingston Seagull* feel great ______________ for the bird as they imagine that they too are flying like a seagull.

O A avarice
O B apathy
O C misogyny
O D empathy

16. Don Juan, who woos women but avoids marriage, is literature's foremost example of a(n) ______________.

O A philanthropist
O B misogamist
O C pathologist
O D empath

17. Ivan Boesky, a stock trader who once said, "Greed is healthy," became famous for his ______________.

O A empathy
O B apathy
O C avarice
O D misogyny

18. A(n) ______________ liar is unable to tell the truth even when he or she wants to.

O A placating
O B apathetic
O C misogynistic
O D pathological

19. The Aztecs were known to try to ______________ their gods with human sacrifices.

O A placate
O B covet
O C empathize
O D sympathize

20. Eligible voters whose ______________ keeps them from casting their ballots on election day are forfeiting a Constitutional right.

O A apathy
O B misogyny
O C philanthropy
O D avarice

Test: Lessons 7 and 8

I. Find the BEST word to complete each sentence. Then fill in the circle next to your answer.

1. The famous character Don Quixote suffered from ______________ that windmills were giants and his old horse was a young steed.

   O A collusions
   O B deluges
   O C delusions
   O D potions

2. Mystery writer Dorothy Sayers liked to ______________ plots in which the culprit is the least suspected.

   O A concoct
   O B divest
   O C domineer
   O D imbibe

3. Lullabies are written to make babies ______________ by the third verse.

   O A mellifluous
   O B precocious
   O C somnolent
   O D voracious

4. At the ______________ of a Knight of the Garter, held at Windsor Castle, the monarch taps the initiate on the shoulder.

   O A dominion
   O B investiture
   O C travesty
   O D vestment

5. Iguanas are ______________ reptiles—they eat no meat.

   O A carnivorous
   O B herbivorous
   O C potable
   O D saline

II. Find the BEST answer to each question. Then fill in the circle next to your answer.

6. Which word does not suggest an activity?

O A ablution
O B concoction
O C domicile
O D voracity

7. Which word does not refer to a liquid?

O A allude
O B deluge
O C imbibe
O D potable

8. Which root does not represent something edible?

O A *carn-*
O B *lav-*
O C *mel-*
O D *sal-*

9. Which word refers to action of at least two persons?

O A collusion
O B cuisine
O C somnambulate
O D vestment

III. Find the pair of words that has the same kind of relationship as the numbered pair. Then fill in the circle next to your answer.

10. *mel-* : honey ::

O A *domin-* : house
O B *vest-* : money
O C *pot-* : wash
O D *lav-* : drink
O E *lud-* : play

11. divest : vested ::

- O A undress : dressed
- O B lose : gained
- O C concoct : dissolved
- O D ridicule : honored
- O E elude : concluded

12. mellifluous : sound ::

- O A saline : saltiness
- O B dormant : bed
- O C herbivorous : grass
- O D potable : water
- O E voracious : food

13. travesty : imitation ::

- O A cuisine : oven
- O B dominion : control
- O C delusion : game
- O D vestment : ceremony
- O E allusion : literature

IV. Find the BEST word to complete each sentence. Then fill in the circle next to your answer.

14. Because *The Odyssey* is one of the earliest examples of literature in the western world, many authors _______________ to it.

- O A elude
- O B allude
- O C delude
- O D collude

15. After Salome dances for Herod, he offers her one half of his _______________, but instead of his kingdom she asks for the head of John the Baptist.

- O A travesty
- O B domain
- O C potion
- O D collusion

16. In Walt Disney's animated film *Fantasia*, hippopotamuses and ostriches attired as dancers perform a whimsical _______________ of classical ballet.

O A somnambulation
O B collusion
O C travesty
O D domain

17. Cuttlefish _______________ their enemies by clouding the water with a squirt of ink.

O A allude
O B elude
O C somnambulate
O D imbibe

18. In Icelandic myth a magic _______________ causes Sigurd to forget his fiancée Brynhild and choose another bride.

O A domain
O B travesty
O C precocity
O D potion

19. The _______________ of young chess players is evident when winning competitors are under age twelve.

O A delusion
O B collusion
O C travesty
O D precocity

20. The heroine's nocturnal _______________ in Bellini's opera sends her into a compromising situation that threatens her fiancé's love but later justifies it.

O A allusion
O B voracity
O C somnambulation
O D domain

Test: Lessons 9 and 10

I. Find the BEST word to complete each sentence. Then fill in the circle next to your answer.

1. To insure a steady flight, the standard golf ball has nearly 400 ______________ or "dimples" on its surface.

   O A facets
   O B indentations
   O C indentures
   O D orifices

2. In the silent movie *The Adventures of Pearl White*, the heroine was frequently shown suspended over a(n) ______________ from which she had to save herself.

   O A capitulation
   O B cerebration
   O C effrontery
   O D precipice

3. The evil queen in *Snow White* is ______________ by her stepdaughter's beauty.

   O A affronted
   O B confronted
   O C effaced
   O D precipitated

4. Behind his laughing ______________ the clown Pagliacci seethes with jealousy and rage.

   O A facade
   O B gorge
   O C oration
   O D recapitulation

5. Layers of graffiti ______________ public transit vehicles in some large cities.

   O A decapitate
   O B deface
   O C osculate
   O D regurgitate

II. Find the BEST answer to each question. Then fill in the circle next to your answer.

6. Which word does not suggest hostility?

O A confront
O B effrontery
O C osculate
O D supercilious

7. Which word does not suggest a second appearance?

O A disgorge
O B precipitate
O C recapitulation
O D regurgitate

8. Which word is not derived from a Latin or Greek root related to the head?

O A decapitate
O B gargoyle
O C orifice
O D orthodontist

9. Which word does not imply a steep surface?

O A facade
O B gorge
O C precipice
O D trident

III. Find the pair of words that has the same kind of relationship as the numbered pair. Then fill in the circle next to your answer.

10. supercilious : eyebrow ::

O A cerebral : head
O B effaced : tooth
O C decapitate : face
O D regurgitated : throat
O E facet : brain

11. orator : speech ::

O A oracle : prophecy
O B gargoyle : religion
O C capitalist : wealth
O D trident : teeth
O E servant : indenture

12. cerebration : idea ::

O A capitulation : surrender
O B oration : speech
O C confrontation : discussion
O D facet : diamond
O E decapitation : defacement

13. *cerebrum* :: cerebral

O A *caput* : effacement
O B *os* : eyebrow
O C *dens* : orthodontist
O D *facies* : facet
O E *gurges* : gargantuan

IV. Find the BEST word to complete each sentence. Then fill in the circle next to your answer.

14. Computers can save us hours of repetitious and dull _______________.

O A capitulation
O B cerebration
O C recapitulation
O D effrontery

15. The _______________ of the octopus is at its center, where its arms meet.

O A orifice
O B indenture
O C cerebration
O D effrontery

16. To bind a person to a period of labor using a(n) _______________ is now against the law.

O A capitulation
O B orifice
O C indenture
O D denture

17. Nothing can stop the advance of the Mendenhall Glacier in Alaska; it is ______________.

O A inexorable
O B supercilious
O C cerebral
O D capitalist

18. The Civil War ended with the ______________ of General Robert E. Lee at Appomattox.

O A indenture
O B cerebration
O C capitulation
O D recapitulation

19. The standard American musical comedy includes a(n) ______________ of the melody of every one of its major songs at the end of the production.

O A effrontery
O B recapitulation
O C indenture
O D cerebration

20. The story is told of a man who murdered his parents and then had the ______________ to plead for mercy because he was an orphan.

O A cerebration
O B capitulation
O C indenture
O D effrontery

Test: Lessons 11 and 12

I. Find the BEST word to complete each sentence. Then fill in the circle next to your answer.

1. Multiple sclerosis, a degenerative disease, proved to be genetic when researchers discovered the _______________ of many of its victims.

   O A corps
   O B consanguinity
   O C corpulence
   O D epidermis

2. Scientific discoveries tend to _______________ earlier research.

   O A endorse
   O B enervate
   O C ossify
   O D supersede

3. Many anthologies include a(n) _______________ where the reader can look up every appearance of certain works.

   O A accolade
   O B concordance
   O C corpus
   O D dossier

4. Fashion shows frequently feature _______________ to celebrate youth, beauty, and daring.

   O A carnage
   O B carrion
   O C décolletage
   O D dermatology

5. Many Russian _______________, such as Aleksandr Solzhenitsyn, were exiled to Siberian labor camps for opposing government policies.

   O A accords
   O B dissidents
   O C gastronomes
   O D seances

II. Find the BEST answer to each question. Then fill in the circle next to your answer.

6. Which word does not identify a part of the body?

O A dorsal
O B epidermis
O C gastric
O D sedentary

7. Which word does not suggest good cheer?

O A accolade
O B cordial
O C enervate
O D sanguine

8. Which word suggests eating?

O A dossier
O B gastronome
O C incarnate
O D seance

9. Which word suggests a change?

O A concordance
O B corps
O C endorse
O D ossify

III. Find the pair of words that has the same kind of relationship as the numbered pair. Then fill in the circle next to your answer.

10. ossification : bone ::

O A carnage : heart
O B sanguinity : blood
O C accord : head
O D décolletage : shoulder
O E incarnate : spirit

11. corps : army unit ::

O A dossier : back
O B dissident : disagreement
O C author : concordance
O D corpus : collected writing
O E carrion : decay

12. assiduous : inattentive ::

O A cordial : unsociable
O B corporeal : incarnate
O C dorsal : sedentary
O D digital : technical
O E sedentary : thoughtful

13. dermatologist : skin ::

O A writer : endorsement
O B ghost : séance
O C gastronome : food
O D hero : accolade
O E dissident : chair

IV. Find the BEST word to complete each sentence. Then fill in the circle next to your answer.

14. When Beau Brummell asked, "Who's your fat friend?", he was calling attention to Prince George's ______________ appearance.

O A incarnate
O B gastric
O C corpulent
O D corporal

15. Until recently, ______________ punishment was condoned in British schools, where teachers whipped misbehaving students.

O A assiduous
O B corporal
O C gastric
O D incarnate

16. Helen Brooke Taussig received universal _______________ in 1962 for preventing the drug thalidomide from being approved for use in the United States.

O A incarnations
O B carrions
O C dossiers
O D accolades

17. Ancient and modern writers describe Helen of Troy as "the face that launched a thousand ships," or beauty _______________.

O A ossified
O B assiduous
O C corpulent
O D incarnate

18. In the Greek tragedy *Antigone*, King Creon orders the dead body of his nephew Polynices to be abandoned on the battlefield as _______________ for birds and dogs to eat.

O A corpus
O B carrion
O C dossier
O D epidermis

19. J. Edgar Hoover, the head of the FBI, kept secret _______________ on many innocent Americans; after he died private citizens were able to request these files for inspection.

O A dossiers
O B accolades
O C incarnations
O D endorsements

20. Japanese bonsai trees require _______________ attention: daily watering, frequent pruning, and careful wiring.

O A corporeal
O B sanguine
O C assiduous
O D gastric

Test: Lessons 13 and 14

I. Find the BEST word to complete each sentence. Then fill in the circle next to your answer.

1. Czar Ivan the Terrible, ______________ for blood, instituted a reign of terror against the nobility of Moscow.

   O A digital
   O B explicit
   O C ambidextrous
   O D rapacious

2. Creosote makes telephone poles and railroad ties ______________ to rain and snow.

   O A impregnable
   O B manifest
   O C rapt
   O D surreptitious

3. Some politicians are easily corrupted if someone with a special interest ______________ them with money.

   O A comprises
   O B implies
   O C mandates
   O D plies

4. Clothing designers of the 1920s ______________ women from restrictive clothing and high button shoes.

   O A apprehended
   O B emancipated
   O C explicated
   O D reprehended

5. When the Treaty of Versailles at the end of World War I demanded surrender of German ships, the Germans sank their fleet in ______________.

   O A complicity
   O B dexterity
   O C inflection
   O D reprisal

II. Find the BEST answer to each question. Then fill in the circle next to your answer.

6. Which word has a positive meaning?

O A dexterity
O B duplicity
O C rapacity
O D reprehension

7. Which word does not suggest deceit?

O A duplicity
O B explicit
O C ploy
O D surreptitious

8. Which word does not suggest a mental process?

O A apprehend
O B deflect
O C explicate
O D reflect

9. Which word's Latin root does not refer to a part of the body?

O A dexterity
O B genuflect
O C manipulate
O D supplicate

III. Find the pair of words that has the same kind of relationship as the numbered pair. Then fill in the circle next to your answer.

10. apprehend : emancipate ::

O A deflect : reflect
O B imply : know
O C mandate : authorize
O D reprehend : criticize
O E conceal : manifest

11. *digitus* : hand ::

O A *genu* : leg
O B *manus* : finger
O C *dextra* : right hand
O D *manus* : manacle
O E *genu* : foot

12. *plicare* : exploit ::

O A *flectere* : manifest
O B *plicare* : please
O C *manus* : dexterity
O D *rapere* : comprise
O E *prehendere* : reprisal

13. rapt : attentive ::

O A reprehensible : praiseworthy
O B rapacious : generous
O C explicit : commanding
O D surreptitious : stealthy
O E digital : skillful

IV. Find the BEST word to complete each sentence. Then fill in the circle next to your answer.

14. It is difficult for people with arthritis of the knees to ______________.

O A genuflect
O B comprise
O C imply
O D reflect

15. Charles Dickens' character Uriah Heep pretends subservience as a ______________ to win the confidence of his superiors.

O A manacle
O B inflection
O C ploy
O D manifestation

16. Ralph Lauren chose the name "Polo" for his clothing company to ______________ wealth and elegance.

O A mandate
O B comprise
O C manipulate
O D imply

17. Because Niccolò Machiavelli seems to recommend that heads of state lie and cheat to achieve their goals, the adjective "Machiavellian" suggests ______________.

O A inflection
O B duplicity
O C dexterity
O D authority

18. Actress Mary Pickford became a motion picture ______________ when she co-founded the United Artists film studio.

O A genuflector
O B entrepreneur
O C inflector
O D progenitor

19. In 18th-century English courts, defendants had to appear at their trials wearing ______________.

O A inflections
O B ploys
O C manacles
O D manifestations

20. Catherine de Médicis was able to ______________ European politics in the 16th century by marrying her daughters to the kings of Spain and France.

O A manipulate
O B genuflect
O C comprise
O D explicate

Test: Lessons 15 and 16

I. Find the BEST word to complete each sentence. Then fill in the circle next to your answer.

1. When my sister and I were very young we believed that we could dig a hole to China, the ______________ of our back yard.

O A antipodes
O B gradation
O C podium
O D stance

2. Idi Amin was such a brutal ruler of Uganda that the people ______________ him in 1979.

O A desisted
O B digressed
O C expedited
O D ousted

3. According to American journalist Theodore White, some Chinese survived the 1943 Famine of Hunan Province by ______________ on grass and leaves of trees.

O A impeding
O B podiatry
O C regressing
O D subsisting

4. The larger a theater is, the steeper the slope of the seats; the ______________ is called "raking."

O A constituent
O B expedient
O C gradient
O D restitution

5. There is a(n) ______________ of about 20 years in the life of Jesus when we do not know what he was doing.

O A aggression
O B degradation
O C interstice
O D preamble

II. Find the BEST answer to each question. Then fill in the circle next to your answer.

6. Which word does <u>not</u> suggest stubbornness?

O A desist
O B impede
O C obstinate
O D recalcitrant

7. Which word is <u>not</u> associated with movement?

O A ambulatory
O B pedometer
O C restive
O D static

8. Which word could <u>not</u> describe a person?

O A constituent
O B podiatrist
O C podium
O D restive

9. Which word could be used as a synonym for "poverty"?

O A efficiency
O B destitution
O C restitution
O D stance

III. Find the pair of words that has the same kind of relationship as the numbered pair. Then fill in the circle next to your answer.

10. restitution : restoration ::

O A obstinacy : destitution
O B restiveness : fatigue
O C recalcitrance : acceptance
O D expediency : efficiency
O E stance : seating

11. doctor : patient ::

O A politician : constituent
O B constitution : preamble
O C podiatrist : hand
O D aggressor : rival
O E genuflect : substitute

12. pedigree : poodle ::

O A brand : cow
O B label : soup can
O C seed : flower
O D telephone book : name
O E family tree : nobleman

13. preamble : document ::

O A index : book
O B salutation : letter
O C overture : opera
O D applause : speech
O E thought : idea

IV. Find the BEST word to complete each sentence. Then fill in the circle next to your answer.

14. _______________ is an especially important form of sports medicine because athletes in most sports rely on their feet.

O A Podiatry
O B Ambulatory
O C Digression
O D Dentistry

15. Children who suffer from progressive muscular dystrophy are _______________ until the age of 10 or 12, when they are confined to wheelchairs.

O A impeded
O B restive
O C ambulatory
O D aggressive

16. Zebras at their watering holes become _______________ when they sense the presence of predatory lions.

O A expedient
O B degraded
O C ambulatory
O D restive

17. Scientists now wonder whether chemicals commonly used to preserve food and to prevent its _______________ actually cause disease.

O A digression
O B expedient
O C degradation
O D aggression

18. American zoologist Dian Fossey observed that gorillas in the wild are naturally peaceful animals, not given to _______________ as was thought earlier.

O A aggression
O B digression
O C expedience
O D podiatry

19. Mikhail Gorbachev was able to _______________ the fall of Communism in the Soviet Union because the political system was already weakened by economic failures.

O A expedite
O B regress
O C degrade
O D digress

20. In Laurence Sterne's comic novel *Tristram Shandy*, the title character claims to relate his autobiography, but with so much preliminary _______________ that he does not tell of his birth until the third of nine volumes.

O A digression
O B ambulation
O C aggression
O D expediency

Lessons 1 & 2:

I.

1. C
2. A
3. D
4. A
5. B

II.

6. D
7. A
8. B
9. D

III.

10. E
11. C
12. A
13. D

IV.

14. A
15. B
16. D
17. B
18. C
19. C
20. A

Lessons 3 & 4:

I.

1. A
2. C
3. C
4. A

II.

5. C
6. A
7. A
8. A
9. C

III.

10. A
11. B
12. D
13. C

IV.

14. C
15. A
16. A
17. B
18. C
19. D
20. A

Lessons 5 & 6:

I.

1. A
2. B
3. D
4. A
5. D

II.

6. D
7. A
8. B
9. B

III.

10. C
11. C
12. A
13. D

IV.

14. D
15. D
16. B
17. C
18. D
19. A
20. A

Lessons 7 & 8:

I.

1. C
2. A
3. C
4. B
5. B

II.

6. C
7. A
8. B
9. A

III.

10. E
11. A
12. D
13. B

IV.

14. B
15. B
16. C
17. B
18. D
19. D
20. C

Lessons 9 & 10:

I.

1. B
2. D
3. A
4. A
5. B

II.

6. C
7. B
8. B
9. D

III.

10. D
11. A
12. C
13. E

IV.

14. B
15. A
16. C
17. A
18. C
19. B
20. D

Lessons 11 & 12:

I.

1. B
2. D
3. B
4. C
5. B

II.

6. D
7. C
8. B
9. D

III.

10. B
11. D
12. A
13. C

IV.

14. C
15. B
16. D
17. D
18. B
19. A
20. C

Lessons 13 & 14:

I.

1. D
2. A
3. D
4. B
5. D

II.

6. A
7. B
8. B
9. D

III.

10. E
11. A
12. E
13. D

IV.

14. A
15. C
16. D
17. B
18. B
19. C
20. A

Lessons 15 & 16:

I.

1. A
2. D
3. D
4. C
5. C

II.

6. A
7. D
8. C
9. B

III.

10. D
11. A
12. E
13. C

IV.

14. A
15. C
16. D
17. C
18. A
19. A
20. A

EDUCATORS PUBLISHING SERVICE
800.225.5750
www.epsbooks.com

ISBN 978-08388 8257-3